Emy Ly

*De la distance réside un amour*

© 2014, Emy Ly
Edition : BoD - Books on Demand
12/14 rond-point des Champs Elysées, 75008 Paris
Imprimé par Books on Demand GmbH, Norderstedt, Allemagne
ISBN : 9782322035625
Dépôt légal : Avril 2014

On a tous besoin de croire en quelque chose, en quelqu'un.

Ainsi la vie paraît plus simple, les épreuves paraissent plus faciles à surmonter.

On a tous besoin de s'accrocher, pour relever la tête, et continuer encore et toujours à avancer. Je crois sincèrement au destin, que chaque chose arrive pour une bonne raison, que quelque part c'est écrit. Je crois également aux âmes sœurs c'est ce qui me permet aujourd'hui de croire encore au pouvoir de l'amour. Oui, car à un moment donné j'ai perdu foi en l'amour, en l'avenir.

Tout me paraissait terne.

L'écriture est ma seule échappatoire.

La vie n'est pas toujours rose, elle nous met sur le chemin de personnes qui ne sont pas forcément bénéfiques pour nous, jusqu'au jour où nous rencontrons celle qui donne un sens à notre existence. Dans mon cas, tout tournait autour de lui, il était mon monde à moi, mon espoir, ma force, mon passé, mon présent et mon futur. Je ne pensais pas que la vie en elle-même m'aurait mise sur son chemin si par la suite nous devions ne pas être ensemble.

Après avoir tant aimé, il me fallut accepter le fait que plus jamais nous ne serions ensemble.

On dit qu'il faut laisser du temps au temps pour surmonter la séparation.
Pour réapprendre à vivre sans la présence de l'être aimé, pour réapprendre à aimer la vie, à s'aimer soi-même.
À cet instant on se sent abandonné, vide et sans repère, incapable de surmonter la peine ressentie.
Chaque jour on se lève sans conviction, on continue de vivre mais sans vraiment y croire.
On ne vit plus, on survit.

*Ma plume, ma seule délivrance :*

*Nos choix déterminent bien souvent notre chemin.*
*Sur notre route nous rencontrons des personnes*
*plus ou moins indispensables. Certaines personnes*
*nous soutiendront dans nos actions, paroles et*
*gestes ; et certains nous jugeront tant bien que*
*mal ; et à un moment donné nous lâcheront la*
*main.*
*Il est préférable pour nous d'avancer, sans nous*
*soucier des autres, rester nous-mêmes, en*
*respectant ce que nous sommes.*


Rares sont ceux qui comprennent,
Ma passion, ce besoin de me livrer ;
De briser tout ce qui m'enchaîne.

De vous à moi,
J'écris, pas pour soulager mes peines ;
Juste pour qu'à travers mes maux, j'y trouve
ma voie.

Seule bien souvent je le suis ;
Je ne compte plus les heures ;
Alors je prends ma plume et j'écris.

Je me dois de choisir, ne serait-ce que pour
moi ;
Mes larmes ne doivent pas être un fléau ;
Je veux pouvoir me dire que j'avais le choix.

*L'amour avec un grand A :*

*Après quelques déceptions, après le temps qui passe, après les épreuves de la vie. Nous avons besoin de  nous accrocher à quelque chose, en quelqu'un.*

La vie nous offre la possibilité d'aimer ;
Alors malgré les contraintes, les peines.
Les craintes et tout ce qui nous enchaîne ;
Nous avons ce besoin d'exister.

Chaque blessure supplémentaire ;
Est un coup qu'on s'inflige à contrecœur.
Chaque mot où l'envie se perd ;
Et le plaisir se meurt.

L'amour est pour certains guérisseur ;
Il nous sort de cette torpeur.
Nous pousse à toujours nous surpasser ;
Un peu plus à chaque difficulté.

## *Une rencontre presque inespérée :*

*Après un passage à vide, je n'y croyais plus, et tu es apparu. Le soleil à travers les nuages, tu as rendu ma vie meilleure.*
*Et un mot me revient de cette époque… Hope*

Quand dans ma vie, tout dégénérait
J'ai trouvé en toi un réconfort.
À cette époque j'étais fragilisée
J'ai vu en toi un homme fort.

Capable de lire en moi
Comme dans un livre ouvert.
Tu as su m'enlever cette croix,
Pour qu'enfin je me libère

J'ai avancé doucement
Pas à pas vers l'avenir
Pour une fois j'ai vu en grand
Et j'ai imaginé mon devenir

Chose qu'auparavant je n'aurais pas faite
Si toute seule face à eux j'avais été.
Tu étais cette rencontre presque inespérée, loin
du fardeau qu'en moi je portais
Une force qui a su me tirer de l'eau, et me
faire avancer avec fierté.

_Parfois on s'attache plus vite et plus intensément que l'on croit aux gens._

Cette innocence entre nous,
Depuis ce jour où,
On a compris,
Que c'était pas nous,
Mais que tout est écrit.
Comme à l'avance,
Une histoire pour délivrance,
L'amour comme renaissance.
Chaque jour à présent, je ne cesse d'y croire,
Toi, mon plus beau miroir,
J'ai appris à te faire confiance,
À donner au bonheur cette chance...
À présent, à deux tout est différent,
Pour toi je me laisse porter par le vent,
Pour toi, au bout du monde j'irais,
Car c'est auprès de toi que je deviendrais,
Cette femme que tu as tant recherchée,
Cet amour tant espéré,
Unique trésor convoité...
Je panserai ton cœur fragilisé,
En faisant de toi cet homme comblé... Je t'aime
♥

## *Croire :*

*Nous avons besoin d'aimer et d'être aimé en
retour, nous avons besoin de croire et d'être
reconnu.*
*Nous avons besoin d'entendre, de lire, de
ressentir.*


Nous sommes nombreux à croire ;
Aux jolies paroles si bien prononcées.
Aux belles promesses, qu'on nous transmet ;
À l'envie et en l'espoir.

La confiance que nous avons en l'être aimé ;
Est telle qu'elle nous permet de nous projeter.
D'avancer, sans même nous douter ;
Que parfois nous nous enfermons dans une
prison dorée.

## L'@mour virtuel :

*Beaucoup vous diront qu'on ne peut pas tomber*
*amoureux, à travers un écran, à travers une*
*image, à travers des mots.*
*Beaucoup vous diront que l'amour ne dure qu'un*
*temps, qu'il n'y a pas d'avenir au bout.*
*Moi je pense qu'il faut le vivre pour y croire.*


Quand beaucoup doutaient de notre histoire,
Nous on s'est accrochés.
Malgré tous les préjugés qui nous désignaient.
On a tout de même voulu y croire,
Le chemin a été long et douloureux.
Mais plus forts on était à deux ;
on savait que le plus dur serait de résister.
Au manque, de la présence de l'être aimé.
La distance n'arrangeait rien,
Si près de notre cœur et pourtant si loin.

## L'@mour virtuel (suite) :

*Beaucoup ignorent le mal qu'on se donne pour continuer un semblant de vie à des kilomètres de l'être aimé. Comme il est difficile de supporter le quotidien si loin de l'autre.*

Ma vie loin de toi ne se résume qu'à ça ;
l'attente, longue et ennuyeuse ;
Laissant bien souvent mon corps en émoi ;
Moi qui suis si affectueuse.
Le temps passe si lentement ;
Je compte chaque heure, chaque jour.
Et je rêve de te retrouver à chaque instant ;
Pour qu'enfin nous puissions vivre notre petit bonheur-du-jour.

## *Le désir de l'autre :*

*Même de loin nous avons besoin de l'autre de son amour de son désir pour nous. Le manque de contact est difficile chaque geste tendre nous manque.*

Sois le fruit de mes envies ;

Si tu veux connaître la fièvre ;
Approche-toi et embrasse mes lèvres.
On ira là où seul l'amour nous désigne ;
Car toi seul peut lire entre mes lignes.
On savourera le désir ;
Celui qui réunit nos deux sourires.
Le fruit de notre avenir ;
Sans larmes, que de souvenirs.

_Toi mon autre ;_

_Même de loin, tu arrives à me faire sourire et rire
à partir d'un rien, tu es mon petit rayon de soleil.
Ta présence suffit à me sentir bien..._


Je voudrais te montrer combien je t'aime,
De mon amour pour toi,
De mon désir qui laisse mon corps en émoi.

Tu es ma petite lumière qui illumine mon ciel,
Mon espoir qui me donne des ailes,
Tout ce qui me manquait pour me sentir
vivante.

J'aimerais te donner un peu de bonheur,
Tout ce que j'ai à t'offrir,
Un peu de ma chaleur à n'en plus finir.

## *Mon amour suffit :*

*Toi, ta présence, le nous, que nous formons, me suffit.*
*C'est toi, et toi seul qui me suffit.*


De ma plume,
Je t'écrirai ;
Les plus beaux poèmes d'amour.

Sur le sable,
Je laisserai ;
Une trace qui te marquerait chaque jour.
Par le ciel ;
Je contemplerai ;
Ce dessin de mille couleurs se concrétisant
tour à tour.

Par ma voix,
Je te chanterai ;
Ces mélodies qui disent je t'aime pour
toujours...

## *Toi, moi et les autres :*

*On dit qu'il faut vivre caché, pour être heureux,
car le bonheur n'est pas acquis, il est convoité par
tous.*

*Certains seront là pour vous guider dans la bonne
direction, mais certains s'assureront de vous
égarer, pour s'assurer que vous soyez dans la
même situation qu'eux.*


Nous tout ce qu'on voulait, c'était être deux ;
Notre petite bulle, notre monde à nous.
On était si bienheureux ;
Là où juste l'amour nous donnait rendez-vous.
Notre histoire, dérangeait pas mal de gens ;
Aveuglés par les préjugés.
Tout basculait dans notre tête par moments ;
Trop de on-dit qui nous blessaient.

## _Confiance Aveugle :_

_Quand on vit une histoire à distance, il est difficile de gérer tant d'émotions. Tout semble amplifié. La confiance est à mes yeux toute base d'une relation stable. Pour nous rassurer, ou même avoir un repère, nous avons juste les mots, les promesses de l'être aimé._


Pour un moment de partage avec l'être aimé ;
La confiance devient cet élément privilégié.
Dont un couple a besoin pour durer dans le temps ;
Fragile mais à l'existence, importante.
Après avoir été tant déçu et blessé ;
Il est difficile, à présent de se donner.
Cœur et âme ;
Pour un avenir, sans regret, ni larmes.

## *Si loin :*

*Combien de couples, d'histoires se vivent à distance ?*
*Il est difficile de vivre loin de l'être aimé, loin de l'amour, loin du contact.*
*Chaque moment à deux devient si précieux. Il faut l'avoir vécu pour en parler.*
*Même si on sait dans quoi on se lance, on ne pense pas que les choses soient si difficiles.*


Je vois le temps défiler sous mes  yeux ;
Et cette envie de vivre à deux.
Qui ne cesse de s'amplifier ;
Et notre situation qui reste inchangée.
C'est cette distance entre nous qui meurtrit mon âme ;
Qui de jour en jour, me fait verser des larmes.
Cette solitude du cœur, ce manque de toi ;
Ce manque de ta présence, de ta voix.
Cette distance qui nous sépare ;
Amplifie l'envie de me plonger dans ton regard.
Si loin de toi je vis un drame ;
Si loin de toi, l'amour en perd son charme...

## L'amour plus fort que tout :

*Certains amours, certaines histoires attisent les*
*jalousies, la méchanceté et le mépris.*
*C'est pourquoi il faut rester soudés face à*
*l'adversité. À deux on est plus forts.*
*Et on dit que l'amour est plus fort que tout.*
*L'important c'est de toujours se tenir la main.*


Quand je pense à toi, je souris ;
Et pourtant ;
Rien n'aurait prédit,
Cet acharnement ;
Je n'en fais qu'à ma tête ;
je continue d'y croire ;
J'en écris même ce texte ;
Pour que perdure l'espoir.
Il est difficile de se sentir seul ;
Pointé du doigt ;
De ne pas être ce qu'ils veulent ;
Et de n'avoir point le choix.

*Le manque :*

*Le manque est le plus difficile selon moi ;*
*Le manque de ton amour, manque de toi, de ton*
*rire, de ta voix, de ton sourire, de tes bras.*
*Beaucoup de petites attentions nous manquent, à*
*distance.*
*On se rattache alors à de petits riens.*


Le manque de toi se fait ressentir,
Un peu plus chaque jour.
J'ai peur pour mon devenir,
Ça devient mon obsession de jour...
Je pense à nous, à tout ce qu'on a manqué,
Par le temps qui lui ne nous attend pas.
Je pense à tous ces rêves inachevés ;
À la distance qui ne nous laisse pas d'autre
choix...

<u>Si *loin de toi :*</u>

*Je souffre de t'avoir si loin de moi, j'aimerais tant*
*être auprès de toi, tant vivre chaque moment avec*
*toi, te tenir la main et avancer à deux.*
*Je pense au temps qui défile, qui passe et à nos*
*projets à mesure qui s'éloignent.*


Je serai sirène de ton cœur.
L'amour mon plus grand honneur.
T'aimerais  à travers la mer et les océans.
Même si passe devant nous le temps.

Je serai le rêve de tes nuits ;
Le fruit des tes envies ;
T'aimerais même si tout nous sépare ;
Malgré la tristesse qui obscurcit  notre phare.

*J'aimerais :*

*J'aimerais tout simplement que l'amour ne soit pas
ce cadeau empoisonné décrit par tant de monde.
J'aimerais que tu voies notre amour comme je le
vois à travers mes yeux ; que tu le ressentes
comme je le vis à travers mon cœur.*


J'aimerais être ton centre d'intérêt,
Être sans cesse dans tes pensées.
Être le fruit de ton imagination,
Pouvoir sentir nos corps à l'unisson.

J'aimerais être celle que jamais tu ne laisseras
partir,
Pour qui tu te battras à n'en plus finir.
Être celle qui laissera une trace dans ta vie,
Être l'amour qui fera de toi cet être épanoui...

*Et si... ;*

*Malgré mes coups de blues, les crises de larmes,les disputes.*
*Je ne cesse d'imaginer ce jour où nous serions réunis, enfin pour vivre notre amour au grand jour.*
*J'attends et j'espère.*


Si un jour,
Nos lèvres s'effleuraient;
Ce serait pour redéfinir l'amour.

Si un jour ;
Nos regards se croisaient;
Ce serait pour exprimer ce qu'on ne sait dire.

Si un jour ;
Nos mains se touchaient;
Ce serait pour ne plus se lâcher.

Si un jour ;
Nos vies s'entremêlaient;
Ce serait pour succomber.

Si un jour ;
Oui si ce jour ultime venait à nous ;
À tes côtés je serais comblée...

## *Ce besoin d'appartenir :*

*On dit que la jalousie, est un manque de confiance
en soi.
La peur de perdre l'autre est omniprésente, on se
dit qu'il y a quelque part meilleur pour nous.
Et alors on ne veut qu'une chose garder l'être aimé
pour soi, rien que pour soi.
À une dose trop importante, la jalousie peut
étouffer une histoire d'amour.*


J'aurais aimé te donner le meilleur ;
t'offrir ce que j'ai de plus beau en moi.
T'aimer avec honneur ;
Et toujours garder la foi.

Être pour toi cet être unique ;
Voir dans tes yeux, qu'il n'existe que moi.
Comprendre qu'entre nous c'est magique ;
Que tu voulais simplement être mon roi.

Mais la peur de te perdre est là ;
Et moi toujours là à tout surveiller.
Jamais à tête reposée ;
Mes craintes ne me quittant pas.

*J'aurais aimé :*

*Tant de larmes versées ; tant d'incompréhension,*
*de cris.*
*Trop peu de communication et pourtant tant*
*d'amour...*


J'aurais aimé te plaire ;
Être aimée telle que je suis.
Pour toi je pourrais tout faire ;
Pour que tu te préoccupes de ma vie.

J'aurais aimé moins de distance ;
Qu'entre nous tout soit si facile.
Ne pas ressentir cette absence ;
Ce manque qui me rend si fragile.

Comme une étoile, briller pour toi au
firmament ;
J'aurais aimé, que tu me remarques juste un
instant...

## *Les doutes s'installent :*

*Après tant de temps à attendre, à voir le temps*
*passer devant nous sans rien pouvoir faire.*
*On se pose tout un tas de questions, comme dit la*
*citation « **quand on aime, on doute de tout** »*
*Et alors chaque mot, chaque situation, chaque*
*acte est interprété à notre manière.*


La distance a fait de moi cet être fragilisé ;
L'attente de l'autre qui paraît si loin.
L'amour semble comme irrité ;
À mesure qu'on trace notre chemin.

Tant de choses viennent se bousculer dans
notre esprit ;
Les pensées négatives et amoureuses
s'entremêlent.
Et on s'anéantit ;
D'une relation trop conflictuelle.

## *Ton départ :*

Ce jour où ;
Tu m'as demandé du temps ;
Je n'ai rien dit.
Et sans que je m'y attende ;
Que j'ouvre enfin les yeux ;
Ta main m'avait lâchée.
Je n'ai pas choisi cette issue ;
J'ai subi.
Mais je n'ai pas cherché à te retenir ;
Car comme je l'avais prédit ;
Si tu m'aimais comme moi je t'aime ;
Alors dans ce cas, tu me reviendrais.
Car non l'amour n'est pas acquis ;
Mais j'ai foi aux destins et aux âmes-sœurs.
Alors la distance, la séparation, les aléas de la
vie ;
ne sont autres qu'une pause de plus dans notre
histoire.
Le véritable amour, lui ne meurt jamais ;
Il reste là, à attendre ;
Un signe, un geste, un mot.......

*Premier jour, premier manque ;*

*Il est clair, que par la colère on dit certains mots,*
*et les regrets viennent après.*
*On sait qu'il y aura des conséquences, sans*
*vraiment réaliser et puis...*


J'ai connu les paroles si bien choisies ;
Qu'on finit par y croire.

J'ai connu l'amour sur un nuage, qui se ternit ;
Sans même le vouloir.

J'ai connu les promesses, balancées au vent ;
Qui ne restent que des mots.

J'ai connu l'abandon, de cet être amoureux me
laissant ;
Victime de cet éternel fléau...

Je connais à présent le manque de ta présence ;
La douleur de ton absence ;
N'ayant pour réconfort que nos silences.

_Et on se rend compte_ ;

_Quand tout semble aller mal ; on a tendance à_
_vouloir lâcher prise ; à tout envoyer valser ; à_
_laisser tomber._
_Cela semble si facile, et on se rend compte à quel_
_point il est difficile de se détacher de quelqu'un, de_
_son empreinte, de son amour..._

Comme si, tu étais encore là ;
Prêt à m'écouter.

Comme si, j'avais le choix ;
De ne pas pleurer.

Comme si, toute notre histoire ;
N'avait point existé.

Comme si, l'espoir naissant ;
Dans nos cœurs...

Comme si, chaque moment ;
Loin de ta chaleur.

Comme si,
Oui comme si dans mes rêves ;

L'amour prenait racine,
À mesure qu'ici, il se meurt....

*On se dit que :*

*On se dit que chaque chose, a sa raison.*
*Que ça devait se passer ainsi.*
*Que nous sommes juste spectateurs de ce qui se*
*déroule sous nos yeux, sans qu'on puisse faire*
*quelque chose.*


J'ai été là, et j'ai écouté ;
J'ai vu ce qui te tourmentait.
J'ai tendu ma main,
Pour que tu la tiennes.
On a parcouru ensemble ce bout de chemin,
Pour briser une à une ces chaînes.
Puis tu la lâchais à l'occasion,
Me laissant seule à l'abandon.
Alors j'ai cru en tirer une leçon,
Que toute chose arrive pour une bonne raison.

## _Sans comprendre :_

_Lors d'une séparation, on n'a pas toujours
l'occasion de comprendre pourquoi._
_Alors que l'amour perdure, pourquoi deux
personnes qui s'aiment ne pourraient être
ensemble ?_
_On se demande ce qu'on a loupé, ce qu'on a fait de
mal..._
_Une question revient sans cesse parmi tant
d'autres..._
_Pourquoi moi ?!_


J'aurais aimé,
Garder ta main dans la mienne.
J'aurais aimé,
Ne pas ressentir cette peine.
J'aurais aimé,
Vivre notre histoire tout simplement.
J'aurais aimé,
Que tu respectes ton serment.
J'aurais aimé,
Oui j'aurais aimé que tes promesses ne soient
pas seulement des mots que tu me laisses...

*Sans comprendre (suite) :*

Mon cœur si fragile ;


Une larme s'écoule sur mon cœur,
Tandis que le temps défile devant moi.

Le souvenir présent du bonheur,
Et du passé venant de toi...

J'aimerais tant que tu m'aides à comprendre,
Pourquoi tous ces silences.

Je ne veux plus attendre ;
Et vivre cette sombre sentence.

L'amour n'est pas un poison,
Mais un cadeau.

Chaque chose a sa raison;
Même les plus sombres de mes maux.

## *Les jours passent ;*

*Plus les jours passent, et plus il est difficile de supporter l'absence.*
*Plus on se demande comment s'en sortir.*
*Perdre notre moitié, c'est perdre nos repères.*
*On n'arrive plus à voir l'avenir, tant le présent nous est difficile à vivre...*


Ta voix me revient,
Ton rire aux éclats.
Je me vois encore te tendre la main,
T'accueillir dans mes bras.
Aujourd'hui tout reste inchangé,
Nos souvenirs restent ancrés.
Tout sauf le poids de ton absence,
Le manque de ta présence.
Mon sourire devient larmes,
La peur me désarme.
Alors j'écris ces mots,
Pour apaiser mes maux.
Qui brûlent ainsi ma peau.
De notre histoire qui tombe à l'eau.

*Les souvenirs restent :*
*Bien que passe le temps, que la vie suive son*
*cours.*
*Chaque chose, chaque mot, chaque geste, chaque*
*acte nous ramènent aux souvenirs du passé.*
*Tout semble nous rattacher à ce petit bout de*
*l'autre qui fait partie de nous.*

Souviens-toi de nous.
De ce petit bout de paradis.
De mes caresses sur ta joue.
De mon parfum présent encore la nuit.
Souviens-toi de notre histoire,
De notre amour fou.
Rappelle-toi, que perdure l'espoir.
Garde cette image-là, de nous...
Du plus profond de tes silences
S'élève une petite voix qui te dit
Souviens-toi de nous
Souviens-toi d'hier
Quand nous sentions l'émoi
Joue contre joue comme deux adolescents
Ne nous oublie pas
J'ai souvent froid loin de toi
Nous existons bien toi et moi
Mais chacun marche sur son chemin
Petite conscience j'ai entendu ta voix
Souviens-toi de nous
Je me souviens de toi
N'oublions pas qu'un jour
Nous étions …

## *Les souvenirs restent (suite) :*

Hier, encore était à nous,
Par le passé, on s'aimait ;
Bien plus qu'on pouvait penser.
Les on-dit, nous importaient peu ;
Nous tout ce qu'on voulait c'était être deux.
Oui, de l'avenir on avait peur ;
Mais notre force, nous permettait de sortir de cette
torpeur.
Notre histoire était fusionnelle ;
L'amour et le désir qui s'entremêlent.
Cela a été  tout de suite toi et moi ;
Tout s'est enchaîné, sans qu'on nous laisse
vraiment le choix.
Aujourd'hui, j'ai la fierté d'avoir connu l'apogée de
l'amour ;
Je revis sans cesse nos petits moments jour après
jour.
Sans aucun regret ;
Juste sur mes joues, quelques perles salées....

*<u>On réalise que :</u>*

*On réalise combien on aime, quand on perd la
personne et tout ce qu'elle apportait dans notre
vie.*


On se donne, on se livre,
On y croit et on promet.
Sans jamais fermer le livre,
On saute juste des chapitres, des pages qui
semblent abîmées.

On s'accroche, sur ce qui peut être sauvé,
Et puis on réalise, qu'on s'y tient par peur
d'être abandonné, de tout recommencer ;
Alors on continue d'aimer ; d'attendre et
d'espérer.

Au fil du temps, j'ai compris,
J'ai su ouvrir les yeux.
Que l'amour, tout comme la vie est loin d'être
un jeu,
Que rien n'est acquis...

## *Espoir et désillusions :*

*Autour de nous, on voit les autres réaliser leur vie,*
*pendant que nous, nous sommes en pause, encore*
*ancrés sur le passé, avec pourtant des projets et*
*des rêves en tête.*
*Certains vous diront de vous accrocher et d'autres*
*vous diront de ne pas tourner la page mais de*
*l'arracher et d'oublier...*


Où es-tu, amour?
Tu me manques et mon cœur te pense un peu
trop,
De jour en jour.

Où es-tu, amour?
Les jours sont beaucoup trop longs et ternes,
Si loin de toi.

Le manque voilà ce que je ressens,
Sans toi, je suis en tourment.
Ton absence est ma profonde détresse,
De toi je fais mon éternelle ivresse...

*Espoir et désillusions (suite) :*

Dis-moi que tu m'aimes,
Pas de faux-semblants ;

Montre-moi que pour toi je compte encore ;
Je t'en prie, dis-le-moi, que je comprenne ;

Dis-moi que je compte à tes yeux ;
Que ton amour pour moi est en sommeil ;

J'ai besoin de te l'entendre dire,
Que je ne suis pas qu'un vieux souvenir ;

Pourquoi mettre entre nous tous ces silences,
Je t'en prie soit ma délivrance...

## _Si seulement :_

_Simplement voir ce qu'on ne sait dire ; les silences
parleront plus que les mots ; on ne sait vraiment
expliquer ; la douleur, le manque ; l'amour...
Alors écoutons simplement..._

Je rêve de dépasser ces mots ;
ces promesses dites au vent ;
Je rêve de t'aimer ;
Bien plus qu'à cet instant...
Je rêve de te confier ;
Cette partie de moi, mon meilleur.
Je rêve de tracer ;
Dans ton cœur, l'entrée du bonheur.
Si seulement tu pouvais voir ;
Ne serait-ce que croire ;
Comme avec toi je suis bien.
Si seulement tu savais ;
Ou simplement écoutais ;
Comme mon cœur bat pour le tien...
Alors tu saurais ;
Et tu verrais ;
Comme de toi je veux ;
Comme je m'aime comme nous sommes
deux...
Alors tu comprendrais ;
Sans même que j'aie à te parler ;
Comme je nous aime...
Toi mon roi et moi ta reine...

## *J'ai tant besoin :*

*Le temps passe, les choses changent mais les souvenirs restent.*
*L'amour perdure bien au-delà ; l'espoir lui se meurt.*
*Même si des rayons de soleil apparaissent par moments, mon nuage lui, reste terni.*


J'ai tant besoin d'y croire encore ;
De vivre à travers cet amour fou.
Toi qui transformais tout ce que tu touchais en or ;
Toi qui à mon contact devenais si doux.

On était comme complémentaires ;
Tant qu'on était deux, tout devenait supportable.
Tous deux, on régnait sur notre univers ;
Fusionnels, on semblait inséparables...

J'ai besoin de te sentir encore là ;
Prêt à me faire rire.
J'ai besoin, oui tant besoin d'écouter et entendre tes pas ;
Venant près de moi, de ton amour prêt à surgir...

## *J'ai le mal de toi ;*

*Les jours passent, les mois défilent sous nos yeux.*
*On sombre, décroche à l'envie, à la vie en elle-*
*même.*
*Cette survie permanente ; cette solitude*
*omniprésente.*
*On prend goût aux petits plaisirs, on sourit pour se*
*convaincre soi-même, mais la plaie reste ouverte*
*dans notre cœur.*
*Le chemin continue de se construire, mais tout*
*autour de nous semble faux, comme fictif...*
*Seule la douleur me rappelle à la réalité.*


L'absence de mots ;
Marquée par tes silences.
Tout autour de moi devient faux ;
Je ne vois que le manque de ta présence.
Je me plonge au loin ;
Dans l'espoir de t'apercevoir.
Toi, me tendant la main ;
Et l'envie d'y croire...

## *J'ai le mal de toi (suite) :*

Chut ;
Que des silences qui me bercent ;
Que des paysages dénaturés ;

Chut ;
Que des plaies qui restent ouvertes ;
Que de mots dans ma tête, que tu m'as laissés ;

Chut ;
Que des souvenirs qui restent ancrés ;
Que des photos qui restent éparpillées ;

J'ai le mal de toi, si tu savais ;
Si bien que les couleurs me manquent ;
Si bien que ma carte postale disparaît ;
Si bien que tes chuchotements me hantent...

J'ai le mal de toi, et c'est constant ;
Pas seulement un jour ;
Non je souffre à chaque instant ;
De devoir réapprendre à vivre sans ton amour...

*On fait comme si :*

*Quelle belle ironie de la vie, de nous mettre sur la route de personnes, qu'il faut apprendre à aimer si c'est pour les perdre par la suite sans qu'on s'y attende...*
*Alors on fait comme si, oui comme si tout allait pour le mieux, comme si on apprenait à vivre avec. Mais en réalité on n'oublie jamais...*
*On fait juste comme si.*


Le temps n'est pas toujours mon allié ;
Il me rappelle, ô combien j'ai le mal de vivre.
Je ne suis que sombre spectatrice de cette triste réalité,
De cette triste histoire, où je suis le personnage mélancolique de ce livre.

Le temps est un long poison ;
Qui verse en moi, la rancœur.
Je reste prisonnière de notre histoire, forgée d'un amour sans raison ;
Où chaque jour, la tristesse se meurt...

## *Ce cœur qui te pense un peu trop :*

*On se dit que c'est juste une dispute parmi tant
d'autres, que ce ne sont que des mots donnés par
colère. Qu'ils ne sont pas pensés. Qu'à tout
moment, tout reviendra comme avant.
On ne se doute pas un seul instant que la machine
« séparation » est en marche...*


Le temps passe, et tu es toujours loin de moi ;
Je compte les heures, les jours.
J'attends le moment où tu reviendras vers moi ;
En me disant ces petits mots d'amour.
Obnubilés, par la colère ;
On ne se rend pas toujours compte de la situation.
Je ne pensais pas que tu quitterais mon univers ;
Tant j'étais obsédée par notre relation.
Je n'ai pas vu ta main lâcher la mienne ;
Je n'ai pas vu sur ton visage ta peine.
Tant j'étais centrée sur l'unique raison de notre
désaccord...

## *On se doit :*

*Malgré l'absence, le temps qui passe.*
*Malgré le mal qui nous ronge de l'intérieur par le*
*manque de l'être aimé.*
*On se doit d'accepter l'échec.*
*Même si on ne comprend pas, que certaines*
*questions restent sans réponses.*
*On se doit d'accepter la fin de quelque chose.*


Jamais je n'aurais cru ;
Devoir vivre cet amour au loin.

Quand tu m'es apparu ;
Tout me paraissait à portée de mains.

Jamais je n'aurais pensé ;
Te perdre à tout moment.

C'est un bonheur inespéré ;
Auquel on aspire à chaque instant.

Et alors tout devient dérisoire ;
Il reste seulement, le souvenir de notre histoire.

## *Ma vie sans toi :*

*Ma vie est devenue si terne depuis que j'ai égaré*
*mon soleil, depuis que mon nuage est devenu gris ;*
*depuis que ma palette de couleurs est devenue noir*
*et blanc.*
*Depuis que chaque jour est un jour de pluie,*
*depuis que mon cœur a froid, et que mon sourire*
*s'affaiblit...*


Après avoir vécu cette histoire rêvée ;
Après y avoir enfin cru.
Notre amour m'a été enlevé.
Brutalement, sans que j'aie pu...

Réaliser, qu'à cet instant ;
Tout se brisait.
Je n'ai pas voulu donner sens à l'acharnement ;
Juste fermer les yeux et ignorer.

Et puis je me suis retrouvée seule ;
En totale errance.
Dans ce monde presque aveugle ;
En quête de délivrance.

## *Ma vie sans toi ; (suite)*

Au creux de ma main ;
Il n'y a plus de trace de la tienne.
Alors je continue ce chemin ;
Seule et promène ma peine.

Je te cherche toujours ;
Je regarde sans cesse mais ne te vois pas.
Chaque jour ;
Je compte chacun de mes pas.

J'écoute pour qu'à tout moment ;
Je puisse y déceler un soupçon d'amour.
Restant de tes chuchotements
Venant vers moi tour à tour.

Le temps me paraît long et douloureux ;
Et me laisse désemparée.
Alors je ferme les yeux ;
Rien que pour nous voir comme par le passé.

Je t'imagine près de moi ;
Mais le rêve n'est qu'éphémère.
Le manque est là et il est mon plus grand désarroi.
Ce petit nous, qui se perd...

## *Même pendant la nuit :*

*On pourrait penser qu'il n'y a que la journée qui*
*soit difficile à vivre, que la nuit sert à oublier,*
*partir et se sentir transporté loin de la réalité.*
*Qu'on aura un peu de répit le temps d'une nuit, et*
*puis...*


Dans ce monde imprévisible ;
Là où l'amour n'a point de raison.
J'y laisse ma trace indélébile ;
De ma folle passion.

Même dans l'imaginaire ;
Ma bulle est à ton effigie.
Partout où je vais tu restes mon univers.
Même quand je ferme les yeux, tu es là et me
suis...

Tu es là, loin de la souffrance ;
Brillant de mille feux.
L'amour pour seule délivrance.
Dans ce monde où nous régnons à deux...

## *Et par moments :*

*Et par moments, une éclaircie, parmi la grisaille.*
*Par moments un brin d'espoir se forme et se faufile*
*à travers les doutes et la peine causée par*
*l'absence de mots et les silences.*
*Par un mot, par un sourire, un regard, un geste*
*nous y trouvons une lueur nous permettant de nous*
*accrocher et de remonter.*
*Et par moments le temps nous rappelle à la réalité.*


Souvent je ferme les yeux ;
Et j'imagine.
Pour te retrouver, juste un moment à deux ;
Dans ce monde que je dessine.

Souvent, j'y crois ;
Je m'accroche à un petit rien.
Rien qu'au son de ta voix ;
Je me vois avec toi, si loin.

Et puis je réalise que ceci n'est qu'un rêve ;
Fatiguée de devoir vivre de tes silences ;
Besoin juste d'un moment, d'une trêve ;
Pour retrouver un brin de romance.

*Pour que tu me reviennes :*

*Lors d'un échec, on se demande toujours*
*« pourquoi moi ? »*
*On se pose un tas de questions qui restent sans*
*réponse, on ne comprend pas la situation, les*
*conséquences, on se demande ce qu'on a raté, ce*
*qu'on n'a pas dit, ce qu'on n'a pas fait.*
*Et là on se dit qu'on ferait tout pour reprendre,*
*tout changer, tout recommencer.*

Pour que tu me reviennes ;
Je mettrais des couleurs dans ta vie,
Pour te voir sourire.
En chassant ce ton gris ;
Et ces éternels soupirs.

Pour que tu me reviennes ;
J'inventerais les plus belles mélodies ;
Pour revoir tes yeux pétillants...
Ton regard qui me sourit ;
Au son de mes chuchotements...

*J'ai si peur si tu savais :*

*Beaucoup vous diront ces phrases « bateaux »
pour vous aider à aller mieux.
Mais ce ne sont que des mots. Chacun voit les
choses à sa manière, chacun vit la situation à sa
manière ; car on vit une rupture différemment
selon la personne.
Et je pense finalement que face à notre douleur, à
notre peur, nous sommes seuls, seuls avec nous-
mêmes...*

La peur fait chavirer mon cœur ;
Quand la panique me gagne.
Je sombre à contrecœur ;
En laissant couler mes larmes.

Je sais que l'amour est là, présent ;
Quelque part au fond de moi où perdure
l'espoir.
Mais le bonheur semble mettre du temps ;
Pourtant au fond de moi je ne cesse de croire.

J'aspire à des jours meilleurs ;
À un monde, un univers à deux.
Où seul l'amour serait le précurseur ;
Et notre guide à travers les cieux...

## *J'ai si peur si tu savais (suite) :*

J'ai si peur si tu savais, de cet avenir en solitaire.
À présent que nos mains se sont lâchées.
À présent que nos vies semblent séparées.

J'ai si peur si tu savais, de devoir tout recommencer.
Alors que la vie semblait nous sourire.
Alors que nous avions des perspectives d'avenir.

J'ai si peur si tu savais, de n'être qu'un souvenir.
Que pour toi je ne reste qu'une image.
Que pour toi, dans ta vie, il ne me reste point de place...

*J'ai si peur si tu savais (suite) :*

Avant je me disais que nous avions le temps,
De nous apprécier, de nous aimer et même de
nous parler.
Mais en réalité, tout semble basculer en un
instant ;
Et ces petits riens d'autrefois, viennent à nous
manquer...

Entre nous, l'amour a été le déclencheur,
Sans qu'on ne sache vraiment pourquoi.
Au fil des jours, la vie en devenait meilleure ;
Telle qu'on semblait y trouver notre voie...

Et aujourd'hui tout semble brouillé ;
Notre vie, notre cœur, semblent déchus.
Restant, tout contre nous le poids du passé ;
Et l'espoir lui, qui semble s'être perdu...

*J'ai si peur si tu savais (suite) :*

Peu de personnes, comprennent réellement,
Mon désarroi, mon regard au loin.

Moi je ne vois que cet acharnement ;
Qui martèle mon fragile cœur de coups de
poing.

J'ai vu notre vie basculer en un instant ;
Nous laissant tous deux, avec notre chagrin.

J'ai vu notre vie prendre ce sombre virage ;
Nous qui ne rêvions que d'une belle histoire.

Je rêve encore de note amour, comme unique
mirage ;
Je m'accroche à ce petit rien, où perdure
l'espoir...

## *On croit à l'acceptation :*

*Avec le temps qui passe, notre vie continue, on s'accroche comme on peut au moindre petit rien qui sera pour nous un tout.*
*Une échappatoire, une issue, un peu d'espoir.*
*On pense s'en sortir, « être guéri » et puis on réalise que...*
*L'amour reste présent, chaque petite chose nous rappellera toujours cet amour, cette histoire. Et là on se souvient...*


J'ai parcouru seule de nombreux chemins ;
J'ai effacé de nombreux rêves, sans lendemain.
J'ai essuyé de nombreuses perles salées ;
Des jours de pluie, que j'aurais aimé éviter...

J'ai fait de ma fragilité une force ;
J'ai tenté de nombreuses portes.
Mais aucune n'était susceptible de te faire oublier ;
Ton empreinte reste simplement ancrée...

## *Si loin de lui, au fil du temps :*

*Plus les jours passent, et plus les regrets prennent leur place.*
*Ce passé si présent, me manque à chaque instant, alors j'écris pour me libérer, de ces chaînes qui m'empêchent d'avancer...*

Lettre à Monsieur le temps,

Toi qui me sépare de lui, un peu plus à chaque instant ;
Ramène-lui ces quelques mots au gré du vent.
J'ai besoin qu'il sache ce qu'il est pour moi,
J'ai besoin qu'il sache que sans lui, je ne suis pas tout à fait moi...
À travers cette lettre, explique-lui mon amour ;
Explique-lui cet avenir, qui attend simplement son tour.
Qu'il ouvre tout bêtement les yeux ;
Sur ce monde fragile et douloureux.
Seul on semble tout contrôler ;
Mais c'est à deux, qu'on peut y arriver...

*Pour cet aller sans retour :*

*Un jour on s'aime et le lendemain on s'oublie, tout défile devant nous et tout bascule, rien n'est acquis, tout semble pourtant si facile mais au fond on ignore tout de l'issue à venir.*
*On vit sans forcément profiter, et en réalité tout se joue devant nous...*


Trop de blessures ;
accumulées.
Trop de mots ;
non prononcés.
Trop de souvenirs ;
profondément cachés.
Trop de tristesse ;
qui reste ancrée.
Et mon cœur, lui ;
semble étouffer.
Trop fragilisé ;
pour s'exprimer.
Trop de trop ;
que le temps n'apaise pas.
Trop de maux ;
pesant sur mes petits bras.
Trop de mal ;
Pesant son poids.
Et l'amour dans tout ça ;
Que je porte, encore et toujours fièrement comme une croix...

## *Un rayon au bout du tunnel...*

*Par moments où on semble perdre pied, il y a
quelquefois un rayon de lumière qui essaie de
filtrer l'obscurité où nous nous sommes plongés
malgré nous. Et tellement sommes-nous obnubilés
par notre désarroi qu'on oublie d'ouvrir les yeux
pour y voir l'espoir.*

J'ai tant espéré que tu me reviennes ;
Tant cru que le temps serait mon allié ;
J'ai attendu, mais en vain...

J'aurais aimé être de nouveau ta reine ;
Retrouver cette vie à la mélodie enjouée ;
Et la lumière sur ce chemin...

Par moments je ressens, un semblant de vie ;
Juste un mot, un ressenti ;
Qui puisse à nouveau, me redonner envie.

Mais j'ai si peur que ce ne soit qu'illusion ;
Créée par ma seule envie d'aimer ;
Et de croire à ce nous.

## _Tout recommencer ;_

_Il est tant difficile, de se rendre compte de l'échec, de ce qu'on a perdu._
_Il est tant difficile d'admettre      qu'une histoire est finie, et qu'on se doit de non pas seulement tourner la page mais de la déchirer pour se tourner uniquement vers un avenir proche..._


Tu m'as toujours dit de me montrer forte ; d'au moins essayer.
J'aurais aimé être ta fierté, à travers les regrets.
Je me suis battue, j'ai même attendu ; et j'ai simplement continué.
Dans l'espoir de revivre, de juste m'en sortir, de ne plus broyer du noir.
Je me suis levée et j'ai marché ;
De longues routes, plus ou moins abîmées.
J'ai regardé toujours tout droit ;
Mais en gardant l'espoir de te croiser...

*Tout recommencer (suite) :*

Univers sombre, d'un amour qui semble ne pas
être voulu ;
Nous voulions être heureux, tant qu'on aurait
pu.
Une histoire qui raisonnait comme une
évidence ;
Pour deux cœurs en quête de délivrance.
On a tant donné, et on a tant repris ;
Voilà la sombre ironie de la vie.
Vouloir aimer et posséder n'a point de prix ;
Bien que l'avenir demeure indécis.
Dans cet amour au goût interdit ;
Nous avons tous deux traversé bien des
péripéties.
À ce jour demeure l'espoir d'un jour nouveau ;
D'une vie meilleure en l'absence de maux..

## Réapprendre :

*Quand vous tombez amoureux tout vous semble possible, à deux on semble plus fort. Alors quand la magie s'estompe, que votre monde s'écroule, vous vous sentez faible, si fragile.*
*Vous restez bloqué sur ce que vous avez connu, car à vos yeux c'est votre seul repère, comme seule dépendance.*
*Malgré la présence de nombreuses questions, de nombreuses zones d'ombre, de nombreuses craintes. On se doit de réapprendre à aimer la vie, à s'aimer soi-même, on se doit de réapprendre à vivre à nouveau, en se créant de nouveaux repères, à se sentir maître de la situation et non victime de cette relation...*


Je te délivre, je suis l'écrin, de ton amour.
Le manque d'hypocrisie mon ange.
Je te le dis tous les jours,
Je te délivre, puisant tour à tour.
Je t'apprends la souffrance,
Pour une délivrance.
Ton cœur sous mon emprise,
Aux senteurs éternelles,
Je ne veux plus de larmes, ni de chaînes.
Le véritable amour, plus de peine,
Je serai ton diamant éternel.
Oublie la pénombre, où se nourrit la haine.

## *Laissez du temps au temps :*

*Lors d'une séparation, le temps devient notre ennemi à nos yeux, car il confirme un peu plus chaque jour ce qu'on a perdu, ce qu'on a laissé derrière nous.*
*Cependant le temps nous aide à comprendre, à pardonner et à se reconstruire...*


Silencieuse ;
J'écoute le vent et ses murmures ;
Amoureuse ;
De cet amour pur.
Toi qui file au gré du vent ;
J'aimerais simplement t'avouer ;
Mes envies qui restent cachées ;
Mon besoin du moment ;
De t'avoir à chaque instant à mes côtés.
Sans bruit ;
Et discrètement j'aimerais me glisser ;
Et te déposer ces derniers mots ;
Ces derniers désirs inavoués ;
Pour que jamais tu n'oublies ;
Pour que tu te souviennes de ce qu'ensemble nous avions écrit...

*Laissez du temps au temps (suite) :*

Dans tous ces silences, il reste des mots qui me touchent ;
Doucement et fièrement, un restant de notre histoire.
Il reste quelques fragments de nous ;
Le temps d'un silence.
J'écoute chacun de ses murmures ;
De nos deux cœurs immenses, emplis de cet amour fou.
Le temps d'un regret, je perçois de loin ;
Les souvenirs de notre amour passé .
Alors j'écris ces quelques mots, sur un brouillon ;
Juste une trace, de ce qui à toi me retient.
Car je sais, au fond, que nous avons quitté notre chemin ;
Celui qu'on partageait à l'abri de demain...

## *Garder confiance :*

*Il est clair que chacun d'entre nous possède la force et la volonté de vaincre ses peurs, de surmonter ses obstacles, d'écrire sa propre histoire.*
*Tout est question de volonté et de confiance.*
*Accepter l'échec, accepter le renouveau et faire confiance à l'avenir.*
*Savoir saisir les occasions nouvelles qui se présentent à nous, se donner sans crainte.*
*Faire confiance au pouvoir de l'amour, tout en se protégeant.*


Je n'oublie pas par quoi je suis passée ;
Je me souviens de chacun de ces jours qui m'ont attristée.
Je n'oublie pas ce que cela a entraîné ;
Je me souviens de cette peur qui m'a tant brisée.
Sur mes mains est ancré cet amour tant détesté ;
Aux yeux des autres, qui semblent le convoiter.
Sur mon cœur les cicatrices encore présentes ;
Un goût d'amertume qui devient à ce jour mon essence...

## _Il faut savoir vivre avant tout ;_

_La vie est précieuse, fragile et le temps n'attend pas. Chaque chose peut nous échapper si on ne profite pas pleinement de chaque jour._
_Si on attend par peur de tomber, d'y laisser ce qu'on a perdu jusque-là, on peut finir par se perdre soi-même..._
_À trop attendre on finit par ne plus avoir rien en retour._
_La vie ce n'est pas survivre, à chaque jour, à chaque peine._
_Il faut vivre avant tout..._


Ce perpétuel combat, je ne le dois qu'à moi ;
Ma revanche sur la vie, cette force à ton effigie.
J'ai été cet être au cœur blessé, et puis un jour je me suis relevée ;
Plus forte et déterminée.
Car je savais dans le fond que j'y arriverais ;
Mais je n'oublie pas d'où je viens.
Car restent les cicatrices sur mes mains ;
De toi je me souviens ;
De nous, de notre passé commun.
Du destin qui s'est joué de nous ;
À mesure que cet amour nous rendait fous.
De cette folle dépendance ;
À mesure qu'elle nous entraînait dans sa décadence.

<u>Nos erreurs passées :</u>

*De par nos erreurs passées, nos chemins se font et*
*se défont, laissent des traces, des empreintes plus*
*ou moins marquantes.*
*L'échec, l'épreuve font partie du jeu, et ne doivent*
*pas nous empêcher d'avancer, mais au contraire*
*ils doivent nous permettre de grandir,*
*d'apprendre, de nous souvenir...*


De cette histoire froide et embrumée ;
Par ces chaînes qui nous ont séparés
Je retiens chaque parcelle ;
Du péché originel.
Nous avons goûté à l'amour ;
cet amour intensément puissant.
Je sens encore sur ma peau tes baisers de
velours ;
je revois encore tes yeux rivés sur moi,
m'effleurant...

Livrés à nous-mêmes ;
Nous étions si fragiles et si faibles.
Aveuglés, nous n'avions pas remarqué que
l'amour engendre tant de haine ;
Que l'envers du décor n'est point merveille...

*Ne pas oublier, se souvenir :*

*Une citation trotte dans ma tête    et me permet de
ne pas oublier « on oublie jamais rien, on vit
avec ».*
*Je le crois et je le ressens ainsi, on peut surpasser
certaines blessures, certaines peurs, certaines
épreuves, car rien n'est impossible mais rien n'est
facile.*
*On peut se relever et continuer mais sans oublier.*


Je me souviens d'hier encore plus
qu'aujourd'hui ;
Je revois près de moi cette brume ;
L'absence même de bruit ;
Le silence mon enclume.
Je me souviens de chaque mot qui ne venait
pas ;
De mes rêves qui un à un s'effritaient ;
À mesure que s'éloignaient de mon être tes
pas ;
Et de l'incompréhension qui me gagnait.
On a beau réfléchir mais en vain ;
Chaque signe de ta part était pour moi un
fragment d'espoir.
Bien souvent je me suis égarée du bon
chemin ;
Mais de toi je prenais racine.
Ton amour était mon écrin ;
Ma rose sans épines.

## *Ne pas oublier, se souvenir (suite) :*

J'ai souffert du manque de ton être ;
De l'absence de mots, de gestes.
J'ai cru mourir tant mon monde s'effondrait ;
Quand vint le moment où tout nous séparait.
Qu'importe le temps entre nous ;
Je ne pourrais oublier ;
L'image de notre amour fou ;
De ce désir inavoué.

J'ai tant espéré, que le temps te ramènerait ;
simplement de moi te rapprocherait.
Et au fil du temps, je me suis fait une raison ;
Que l'amour n'avait point de guérison.

Même cinq minutes à tes côtés ;
Pourrait simplement me combler.
Te revoir près de moi et pouvoir te toucher du
bout de mes doigts.
Simplement goûter une nouvelle fois ;
À l'amour qui autrefois nous a fait succomber..

*Ce murmure de toi :*

*Dans un profond silence ; je cherche dans mes profonds souvenirs, des restes de toi, un simple murmure de ta voix...*
*Me permettant d'oublier le mal qu'on nous a causé, le poids du silence qui sombre ce qui était pour nous une évidence...*


Chut,
Avance pas à pas, tout doucement ;
Écoute simplement ma voix ;
Brisant ces silences ;
Qui s'élèvent vers moi...

Entends-tu ces murmures ?
Effleurant de leurs doigts ;
Notre peau,
Encore frissonnante de cet afflux d'émotions.

Vois-tu un semblant d'espoir ?
Sur ce visage marqué ;
Dans ce sombre regard ;
Absent et qu'on appelle tristesse.

J'aimerais que tu voies ;
Simplement une dernière fois ;
La petite fille qui demeure en moi ;
Qui sombre sous le poids ;
D'absence de choix...

## _Corps et âme :_

_L'amour ce sentiment incontrôlable, et
mystérieux ;
Il va et vient sans qu'on s'y attende.
Parfois on n'attend plus rien de la vie, et d'un coup
tout prend un sens.
Ce n'est pas juste un je t'aime quelconque, c'est un
amour indéfinissable, indélébile, inexplicable.
Ce n'est pas seulement notre tête, notre cœur, c'est
un tout, un ensemble parfois déraisonnable, qui
déchaîne les passions._


Qui aurait cru, que je donnerais la vie ;
À ce cœur, à bout de souffle.
En lui apportant une fraîcheur de vie ;
Lui qui semblait au bord du gouffre.
Qui aurait cru, que je pourrais ;
Tenir malgré la distance.
Bien qu'il apparaisse ;
Que l'amour n'est point sa souffrance.
Qui aurait cru, que cet amour serait si intense ;
Indestructible, inébranlable, indélébile.
Si bien que tout n'est pas évidence ;
Puisque d'un rien tout devient fragile.
L'amour n'est pas sans états d'âme ;
IL vit et survit à bien des drames.
L'amour n'est pas sans conséquence ;
À travers les âges ; à travers les lieux ; il
transmet ses semences...

## _L'amour ne meurt jamais ;_

_Bien que certaines personnes soient vouées à n'être que de passage dans notre vie, certains amours demeurent à jamais au creux de nos pensées, de nos souvenirs._
_Et restent ancrés en nous, bien au-delà._
_Ils marquent notre peau de leurs empreintes..._


Dans un dernier souffle ;
À travers le vent qui se lève ;
Dans un dernier murmure ;
À travers ce rêve presque irréel...
Un je t'aime ;
D'amour et de plaisir.
De cette aventure qui au loin nous traîne ;
D'un lendemain qui ne se laisse point mourir.
On pourrait en faire des voyages ;
La distance même la plus éloignée ;
Ne pourrait déchirer ce nuage ;
De cet amour qu'on sait seulement cultiver...
On pourrait transformer chaque blessure ;
En somptueux mirages.
Dont la lumière filtre chaque mur ;
Qui essaiera de noircir notre page.
Jamais je n'aurais cru y parvenir ;
Tant le chemin fut tumultueux ;
Je reste fière de ne pas avoir laissé dépérir ;
Notre amour brillant aujourd'hui de mille feux...

*Toi qui gouvernes mon cœur :*

*Quelques mots dédiés à toi ; à nous...*

Toi qui gouvernes mon cœur ;
Mon unique bienfaiteur.
Créateur d'espérance ;
Toi qui m'as appris l'amour pour une délivrance.

Toi qui gouvernes mon esprit ;
Mon inspiration, où je me nourris.
Souverain de chacune de mes pensées ;
Toi qui as su, enfin me libérer.

Par ton amour ;
Tu as mis un terme à ce lot de souffrances ;
Jour après jour ;
Nous deux est devenu bien plus qu'une évidence.

L'un sans l'autre ; notre amour devient naufragé ;
Lui qui brise bien des silences.
Plus fort nous serons si tous deux nous restons
soudés ;
Bien au-delà de la distance...

Tant de blessures, qu'on n'arrive plus à cacher ;
Nous avons été bien affaiblis ;
Sans pour autant tout abandonner ;
Puisque nous restons deux aujourd'hui...

## *Ou restera mon lémé ( tu resteras mon amour) ;*

Sur ce papier glacé ;
Que cette feuille blanche ;
Puisse t'apporter ;
Ces quelques mots d'amour ;
Qui te sont dédiés ;
À travers la brume ;
Mon envie de t'avoir à mes côtés ;
Demeure à ce jour ;
Le moteur de ma destinée ;
Dont je puise tour à tour ;
L'espoir naissant ;
De notre tumultueux parcours ;
À deux ou en solitaire ;
Tu restes pour moi ;
À mes yeux, et à jamais ;
La référence même ;
De mon unique sanctuaire ;
La distance n'aura pas réussi ;
À me faire oublier ;
L'image que je m'étais donnée ;
De ce qu'aurait pu être notre vie ;
Et quand bien même ;
La détresse me bloquait la vue ;
J'ai fait de ma peine ;
Ce monde où chaque jour je me blottis ;
Sans larmes, ni peine ;
Juste un nous qui m'entraîne ;

Dans l'abîme passionné ;
D'un amour qui reste ancré ;
Sur ma peau frissonnante ;
D'une folle envie envoûtante ;
De vivre avec toi ce renouveau ;
De pouvoir simplement effacer ;
À deux, l'essentiel de nos maux...

## _Remerciements :_

_Je tiens à remercier particulièrement ces quelques personnes qui m'ont aidé à la réalisation de ce livre :_

_Mickael ; Ly ; Odette ; Lily ; Maite ; Sylvie et Corinne ._

_A remercier les personnes même inconnues à ma vie qui m'ont apporté leur soutien sans failles,_

_Une pensée particulière pour ma petite sœur et mon petit frère pour leur amour.._
_Et une sincère pensée à celui qui est et restera ma seule et fidèle inspiration.._